Vuodenkierto
Topeliuksen lastenrunoja

Vuodenkierto, Topeliuksen lastenrunoja

Toimittanut *Tuula Pere*
Taitto ja ulkoasu *Peter Stone*
Kansikuva *Ottilia Adelborg, Lukemisia lapsille VII*

ISBN 978-952-357-824-1 (kovakantinen)
ISBN 978-952-357-825-8 (pehmeäkantinen)
ISBN 978-952-357-826-5 (ePub)
Ensimmäinen painos

Alkusanat ja taitto Copyright © 2022 Wickwick Oy

Kustantaja Wickwick Oy
2022, Helsinki

Vuodenkierto
Topeliuksen lastenrunoja

Toimittanut Tuula Pere

SISÄLLYS

Alkusanat 4

Laulu pikku Maijasta. 6
Kevään satu. 8
Vuota hiukan! 10
Huhtikuun viimeinen päivä. 12
Kuinka Fritiof ratsasti vappuna. 14
Koulupojan kesälaulu. 16
Korennoisen syyslaulu. 18
Mitä Emma ajattelee syksyllä. 20
Syyslaulu. 22
Koulupojan talvilaulu. 24
Reippaita poikia. 26
Kirkkaalla jäällä. 28
Jättiläinen ja koulupoika. 30
Luistelija. 32

Viitteet 35

ALKUSANAT

Runot ovat tärkeä osa Zachris Topeliuksen (1818—1898) lastenkirjallisuutta. Suomen kansan satusedän aihepiirit vaihtelevat hänelle ominaisella tavalla lapsen elämän pienistä ja suurista kokemuksista maailmoja syleileviin tuntemuksiin.

Topelius säilytti koko ikänsä yhteyden lapsenomaiseen mielikuvitusmaailmaan. Hänen antautuessaan sadun ja runon matkaan rajat tavallisen arjen ja yliluonnollisen maailman välillä katosivat. Kirjailijan tarjoamat sisällöt kehittyivät elämän matkalla yhä syvemmiksi ja merkityksellisemmiksi.

Lapsen mahdollisuus oppia uutta ja kasvaa aikanaan kantamaan omaa vastuutaan maailmassa – erityisesti isänmaan hyväksi ja Luojan kunniaksi – olivat lempeästi mutta lujasti esillä Topeliuksen tuotannossa. Hänen ainutlaatuinen luontoyhteytensä on myös vahvasti läsnä.

Tähän kirjakokoelmaan on koottu Topeliuksen lastenrunoja, sellaisina kuin ne on julkaistu Lukemisia lapsille -kirjasarjassa (osat I–VIII) vuosina 1927–1930. Myös kuvituksena on käytetty kirjojen suomalaisten ja ruotsalaisten taiteilijoiden töitä.

Topeliuksen lastenrunoja -kokoelmaan kuuluvien kirjojen nimistä käy ilmi kussakin osassa painottuva aihepiiri.

Luonnon sylissä
Lapsen askelin
Elämää oppimassa
Vuodenkierto
Joulun aikaan

Antoisia lukuhetkiä kaikille Topeliuksen ystäville!

Porkkalanniemellä, 10.9.2022

Tuula Pere
OTT, lastenkirjailija
Topelius-seura ry:n puheenjohtaja

LAULU PIKKU MAIJASTA

LAULU PIKKU MAIJASTA.

Oli pähkinöitä taskussain,
ja kouluun kävi tieni,
kun, tiedäs, äiti, vastahain
tuli tyttö, tyttö pieni:
Niin sievä oli suloinen
kuin pieni marjaterttunen.

Hän kukkasista tukassaan
myös vuokon mulle antoi.
Hän sipsutteli varpaillaan
ja kukkaskoppaa kantoi.
Ja kun hän kulki, kopastaan
hän sirotteli kukkiaan.

Hän lausui: »Tule leikkimään
pois laakson kukkastuoksuun!
Siell' leivo liverryksiään
nyt laulaa puron juoksuun.»
Ma lausuin: »Ah, en tulla voi,
on läksyni niin pitkä, oi!»

Ma kysyin: »Mikä nimes on?»
»Se Maija on», hän vastas.
»Ja äitis varmaan rouva on?»
»Oi, ei — vain laulurastas!»
»Ken isäs?» — »Lounaistuulonen.»
»Ja siskos?» — »Ruusut poskien.»

Ma lausuin: »Lienet köyhä?» — »En,
mua taivas hoivaa täällä.»
»Sa käytkö koulua?» — »Oi, en!
Käyn kevätkukkain päällä.»
»Miss' asut?» — »Maailmassa vaan.»
»Ja lähdet?» — Kylmään pohjolaan.»

Hän niias, katseen taakseen loi,
ja hymyyn kävi huulet.
Ma kouluun lähdin. Äiti, oi,
sa keneks Maijan luulet?
Hänt' yhtäpäätä mietin vain,
ja läksyt ei käy enää lain.

Mua kiusoittaa se Maija vois;
hän mielen' oikein sytti.
Mut, äiti, ah, jos Maija ois
se kauniin kevään tytti!
Oi, tule, Maija ystäväin,
mua ikkunasta tervehtäin!

KEVÄÄN SATU.

Nyt saat, poika, Kevään sadun kuulla!
Näät jo Kevään viehkeän!
Ei hän petä meitä hymysuulla;
vakaa on kuin valo hän,
vihreä kuin toivo nuori,
ylväs niinkuin sinivuori.
Nyt saat, poika, Kevään sadun kuulla!
Näät jo Kevään viehkeän!

Poian pienen oli synnyintalo
onnensaarill' etelän.
Isä lapsen oli päivänvalo,
aamutähti äiti tän.
Aaltoin siskona hän eli,
Feenix-lintu hällä veli.
Poian pienen oli synnyintalo
onnensaarill' etelän.

Kevätlapsi kätkyessään hiipi,
kapalonsa katkoen.
Kauas kiitämään käy kevyt siipi
yli maiden, merien.
Taikasauvaa sorjaa kantaa,
sillä huiskii vettä, rantaa.
Kevätlapsi kätkyestään hiipi,
kapalonsa katkoen.

Aika poppamies on Kevät pieno,
toista tuskin nähdä saat.
Missä liitää, muuttuu koko tieno,
kukkiin verhouvat maat.
Metsät vihannoi ja väikkyy,
siintää veet, ja laineet läikkyy.
Aika poppamies on Kevät pieno,
toista tuskin nähdä saat.

Talven peikot katsoo häntä katein,
kun hän tekee taikojaan,
ukko uhkaa saattaa satein
pikku Kevään kaikkoomaan.
Mutta säät kun vettään valaa,
hän vain siinä hymyy salaa.
Talven peikot katsoo häntä katein,
kun hän tekee taikojaan.

Jälleen kevät löytänyt on maamme,
taas hän seurassamme on.
Kukkia nyt poimia me saamme,
peikot pyrkii piilohon.
Vaikka sade maata kohtaa,
kasvoillamme hymy hohtaa!
Jälleen Kevät löytänyt on maamme,
taas hän seurassamme on.

VUOTA HIUKAN!

Vuota hiukan, lausui kevät,
tulen aivan tässä näin;
kohta härmät hälvenevät,
pois saan unen silmistäin;
äsken hangess' unnuin,
kohta keikun hamein, hunnuin.
Silloin huules hymyilevät,
vuota, armas ystäväin!

Aikaa en mä suinkaan hukkaa,
viel' on paljon tehtävää:
täytyy silmät pestä, tukkaa
täytyy vielä selvittää;
täytyy käydä seppeleessä,
nähdä kasvot lähteen veessä . . .
Ethän toru kevät rukkaa,
koitan kyllä kiirehtää!

Vuota hiukan! Näin on laita:
hame pieneks käynyt on,
vyötäisistä se on kaita,
käyttää ihan mahdoton.
Röijyn virtti syksyn vihmat,
pois on kengät, sukkarihmat;
sinne jäivät pitkin maita;
häpeen silmää auringon.

Onko ihme siis, jos vielä
usviss' aamun viivyn näin?
Missä ruoho versoo tiellä,
missä tuulee leyhyttäin,
missä laine nientä kaulaa,
leivo kiitosvirttään laulaa,
minä itse nostan siellä
sinisilmää toivoon päin.

Tulen toki. Vuota hetki,
vuota, kaunis salomaa!
Vuottakaa, te lainehetki!
Tulen, tulen, vuottakaa!
Vuota, armas nurmen nukka,
vuota lehdon kielokukka!
Vuota, loppui talven retki,
haihtua jo huolet saa.

Pikku poika, pikku tytti,
olen itse lapsi vain;
leikit intohon mun sytti,
mutta monet toimet sain.
Tulen leikkiin riemumielin,
laula, leivo kevätkielin!
— Ruusut päätään nyökähytti:
Kevät viel' on lapsi vain!

HUHTIKUUN VIIMEINEN PÄIVÄ.

Nyt saavun, silmät seessä,
jo Kevät lausui noin.
On kukkain aika eessä
ja viilin, karpaloin.
Pois puuhkat nyt ja turkit!
Jo hatun päähän sain!
Vai vuokkoja jo urkit?...
Ei, aprillia vain!

Sa maltas, anteeks suonet,
ääns Talvi viekas näin.
On mulla jälleen juonet,
mä vielä hetkeks jäin.
Ken jäätelöä halaa,
saa sokuritkin ain,
ja kelkat mäkiin palaa . . .
Ei, aprillia vain!

Pien' Vappu riemumiellä
jo vilkkuu ovestaan:
Jos maltat päivän vielä,
ma itse luokses saan.
Ken Kaarlo Talveen luottaa,
tai Liina Huhtiin lain?
Mut Vappu kevään tuottaa . . .
Ei, aprillia vain!

KUINKA FRITIOF RATSASTI VAPPUNA.

Oli hauska, kun Vappuna portista pois
me kiidimme ratsahin!
Ei Kaisa silmiään uskonut ois,
kun ma joukkoa johdatin.
Koki pässi puskea, Halli haukkui,
ja siimat siuhui, ja piiskat paukkui:
Ja hei ja hoi!
Konin kaviot soi,
hei, hoputus, koputus, hoi!

Mä ylpeilin uudessa röijyssäin,
oli hattuni keikallaan;
ja kun tyttöjen minuun vilkuvan näin,
vedin miekkani huotrastaan.
Olin ylhäinen herra ja lähdön sääsin,
ja kenraaliksi ma kohta pääsin.
Ja hei ja hoi!
Konin kaviot soi,
hei, hoputus, koputus, hoi!

Ken siinä kasakka karski on,
min pystyssä on keihäänpää,
ja ken on husaari voittamaton,
mi kalpaansa välkyttää.
Oli kotona mämmiä meille tuotu,
oli tortut syöty ja simaa juotu.
Ja hei ja hoi! j. n. e.

Kun päästiin kaupungin tullin taa,
heti taistelu toimeen vain!
Nyt miekat ja keihäät kalskahtaa,
kun syöksyimme vastakkain.
Parihärjillä maamies ajoi tiellä,
piti kuormaa töytäistä kumoon vielä.
Ja hei ja hoi! j. n. e.

Tiepuolessa vanha kapakka on,
mut tuosta ma tiennyt en.
Ei konille ollut se tuntematon,
oli talli tiedossa sen.
Se sisään pyyhkäisi ovesta tallin,
ja maahan ma lensin mullin mallin.
Ja hei ja hoi! j. n. e.

Pojat huusivat silloin: »Sandels, hei, —
hän piilee, hän pakenee!»
Ma voimani takaa huusin: »Ei,
vain ratsuni juonittelee!»
Mut kaiki nauroivat. Maamies ilkkui,
myös härkäin silmissä hymy vilkkui.
Ja hei ja hoi! j. n. e.

Taas ratsuni selkään kömmin vait.
Voi, näkyä surkeaa!
Olin nähdä kuin kirjava kukko kait,
ja he huusivat: »Sandels, hurraa!
Konin harjaan tartu, kun kiidät pakoon!»
— »Ei, herja tällä nyt ratsastakoon,
kun huutavat hoi,
ja kaviot soi,
hei hoputus, koputus, hoi!»

KOULUPOJAN KESÄLAULU.

Käy luvut kyllä talvisin,
Euklides, kielioppikin,
kun työss' on huolekkaassa.
Mut ei ne käy, jos kuinka teet,
kun lehtii koivu, siintää veet,
ja käki kukkuu haassa.

Nyt läksyt vie päin mäntyyn vain,
ja tuomen tuoksu, pihlajain
tuo kirjaan oudot seikat.
Sen lehdill' liverrykset soi,
ja joka kirjain ilkamoi
ja heittää kuperkeikat.

Maantietos, lurjus, kuinka lie!
No, Lontoo — Viena? Näytä tie!
Ja maister polkee jalkaa.
»Oi, Lontootako muistaisin
tai Vienan jäihin luistaisin,
kun meillä kevät alkaa!»

Hoi, missä, mies, on numeros
ja luvunlaskus, kuuletkos?
Kaks kertaa kaks? — vai viisi?
»Oi, armoa nyt suokaa vain!
Näin juuri ajatuksissain,
kuink' ilmaan pallo liisi.»

Ei, nyt et pääse! Tässä, kas,
on hic, haec, hoc ja der, die, das
ja koirankorvat tässä!
»Ah, säästäkää jo kämmentäin,
kuin kotka lensin uljain päin
ma taivaan sinervässä.»

Niin kävi mun. Mut vihdoin noin
sain rientää iloon nurmikkoin,
ja kirjat kotiin jäivät.
Oi, ilma sees! Oi, tuoksu maan!
Oi, riemu, hehku loistossaan!
Oi, armaat kesäpäivät!

KORENNOISEN SYYSLAULU.

Huimat vuoret, laaksot syvät,
rinteet syksyiset kellertyvät.
Käy, käy nyt esiin ystäväin,
näy, näy ja katso minuun päin
sinitaivaalta tuolta
meren toiselta puolta!

Kukat tallaa mailla, mäillä
Pohja raskailla kantapäillä.
Taas, taas se järvet peittää jäin,
taas, taas se saapuu tuiskusäin;
pian siipeni sievät
vilut syksyn jo vievät.

Pitkä yö, sä mustahapsi,
lyhyt päivä, sä arka lapsi,
miks, miks mä tänne kylmään jäin?
miks, miks on poissa ystäväin?
Sano, tuoko hän tullen
kevätkukkia mullen?

Huimat vuoret, laaksot syvät,
lupaan tuhannet kultajyvät,
jos, jos nyt kautta hämäräin
taas, taas saan nähdä ystäväin. —
Mun on ystäväkulta
säde auringontulta.

MITÄ EMMA AJATTELEE SYKSYLLÄ.

Käyt kolkon harmaaks kyllä
ja sokeaksi, syys!
On synkkä taivas yllä,
kun henkii, huokuu hyys.
Kyll' itkee kedon kukka
ja peittyy päivän koi,
mut sentään, syksy rukka,
sua moittia en voi.

Nään piirteet äidin armaan:
noin hänkin harmaaks käy,
mut muuttuvan ei varmaan
hän mieleltänsä näy.
Nään äidinisän lauhan:
myös hän sai sokeaks!
— Jäi otsaan loiste rauhan,
jäi mieli valoisaks.

Noin rakkaani tuot mieleen,
ja ilomielin nään,
kun mustaan ilmanpieleen
luo valot väikettään.
Kas, suvi kirkas poisti
nuo tähtein tuikkehet;
kun tulit, syksy, loisti
jo valot taivaiset.

Noin lohdutat sa silloin:
ei valo sammukaan!
On syksy, mietin silloin,
vain kevät kaihossaan.
Ois, äiti, väärin varmaan,
jos vanhaa moittisin,
häll' alla muodon harmaan
on kevät kuitenkin!

SYYSLAULU.

Myös syys on aikaa ihanaa,
jo saatiin viljat lukon taa, —
nyt leivo leipää, rievää!
Ken kaunehimman kakun saa?
Vie äidille se sievään!
Nyt leipä, voi
se riemun toi,
ja laulut soi!
ho-hoi, ho-hoi!
On syksy aikaa ihanaa,
saa lapset leipää, rievää.

Käy myrsky riehuin puissa haan,
ja jylhät hongat metsämaan
ne huohuu synkeämmin.
Mut isä hakkaa halkojaan,
kun puolamaita rämmin.
Säät vilun toi,
lies lämmön loi,
ja laulut soi:
ho-hoi, ho-hoi!
Kai myrsky riehuu puissa haan,
mut tuvassa on lämmin.

KOULUPOJAN TALVILAULU.

Lumikiteet ne tuikkii,
ja suksi se luikkii
ja mutkien puikkii:
Nyt hiihtää saa!
Ja varsat ne laukkaa,
ja pakkanen paukkaa:
Ei siedetä raukkaa —
Hurraa! Hurraa!

Lumi lentävi siukuin,
soi tikitys tiukuin,
ja kiidämme liukuin
kuin viuhaus sois!
On varsani eessä,
ja sisko on reessä
ja mieleni seessä:
Hei, pois! Hei, pois!

Jo ma järveä muistin!
Heti portilla kuistin
vain jalkahan luistin,
ja jäälle saan!
Nyt kilpahan, veikat!
Jos sattuvi seikat,
vaikk' kuperikeikat,
taas pystyyn vaan!

Nyt ei pamppua, ruoskaa:
Hei, koulusta juoskaa!
Nyt lumi on nuoskaa
ja suojainen sää!
Lumipallot ne linkuu,
päin korvia sinkuu,
mut mies, joka vinkuu,
hän narriks jää!

Pojat, hurratkaamme!
Me iskuja jaamme
ja iskuja saamme
ja käymme päin.
Ja hei, pojat, elkää
te saastako selkää
nyt sen, joka pelkää,
vaan lyökää näin!

Tuli voitto jo, veikot!
Nuo kuhnurit heikot
ja kömpelöt peikot
nyt lumeen vaan!
Voi, pelkurimiestä,
nyt koitteles iestä,
nyt turkkias piestä
sun, nahjus, saan!

Noin raukka en oisi,
peljätä voisi,
vaikk' käsky se oisi
taas hyökkäykseen.
Ei, taistohon lähden
ma kaikkien nähden
ja kunnian tähden:
Niin teen! Niin teen!

Kun lunta jo tuiskii
ja silmihin huiskii,
niin mieleni kuiskii:
Nyt hiihtää saa!
Pian riemu on uusi,
kun tuikkivi kuusi;
pojat silloinkos huusi:
Hurraa! Hurraa!

REIPPAITA POIKIA.

Se raukka on ja nahjus vaan,
ken talveks tupaan jää
ja turkein, vöin käy viluissaan,
kun puuskii pienin sää,
ja arkailee ja nuhaa saa,
kun raitis pohja puhaltaa.

Jos sairas ken ja heikko lie,
hän jääköön lieden luo;
mut hemmoitus jos veltoks vie,
ei enää kelpaa tuo.
Ken ruikuttaa, — hän raaskioon!
Ja turkkiaan hän katsokoon!

On lieden luona hupaisaa,
kun illan pitkäks näät,
kun myrsky metsää tuivertaa
ja syntyy sadunpäät.
Mut kun soi reima pakkanen,
tuvassa päivin viihdy en.

Vain varsani ma valjastan,
käyn kelkkaan, — pusken päin!
Ma alas törmää tuiskahdan,
min jäädytimme jäin,
ja suinpäin suuriin kinoksiin
mä syöksyn jauhosokuriin.

Ma tuulen lailla luistimin
pois kiidän yli jään,
ma riemuin, poskin punaisin
käyn kilpaa hiihtämään;
ja sujuu suksi notkahtain,
ja jälkeen toiset jäävät vain.

Tai lumilinnat laitetaan
ja käydään taistohon:
Hei, voittohon tai kuolemaan!
Se tunnussana on.
Mut auta, ken on raukkamies,
hän kohta kyllä temput ties.

Lyö lujin iskuin pojat nää,
on mieli peloton.
Näin poikana ken temmeltää
myös kerran mies hän on.
Kas kättä vahvaa tarvitaan
ja rautaa suojaks synnyinmaan.

Sä äiti kulta, poikaas, oi,
et hemmoitella saa!
Jos heikoks jään, en, äiti, voi
sua miesnä puolustaa.
Kun tarmoa saan tahtohon,
tää käsivarsi turvas on!

Mua ohjaa, äiti, hyveeseen
ja kuntoon oikeaan:
Jumalanpelkoon, nöyryyteen
ja työhön uutteraan;
mut myös sä, äiti, neuvo ain,
mies, että oisin puolestain!

Tää maani riemuun nouskohon;
sen onneks elän vain.
Jos kirja tahi miekka on
tai aura aseenain,
niin aina työhön kaikkehen
ma voimaa, pontta tarvitsen.

Siks raukka on ja nahjus vaan,
ken talveks tupaan jää
ja turkein, vöin käy viluissaan,
kun puuskii pienin sää.
Mut ken se reipas olla ties,
niin hänestä se tulee mies!

KIRKKAALLA JÄÄLLÄ.

Sa kaunis järven jää,
sa peilikirkas kaihi veen,
miss' äsken myrskysää
sai liedot aallot läikkeeseen,
laps etelän ei riemuin näin
saa pintaas kiitää rohkein päin,
sa hieno
ja lieno,
ja vieno silta kuulakas,
mi hohdat
ja johdat
mua talvikisahas!

Kai kukat kuoloon
vei rannallasi pakkasyö,
ja lumi maassa on
ja heikko lahden iljenvyö,
mut nuori, reipas mieli saa
nyt riimut sinuun riimustaa.
Meill' lento
on rento,
on vento aava, vieras tie,
mi häilyy
ja päilyy
ja kauas meidät vie.

On luistin jalassain,
ja hehkuu silmät, poskipäät;
päin kaukomäärää vain
jo kiitävän mun pois sä näät.
Mut kaukaa tie mun jälleen tuo
jo kodin lämpöön lieden luo.
Se rauhaa
suo lauhaa,
kun pauhaa säät, ja muistelen
taas väikkeet
ja läikkeet
nuo kevätlaineiden.

JÄTTILÄINEN JA KOULUPOIKA.

Mä tiedän pohjassa jättiläisen,
yli maan se oikasi kouran jäisen,
mut arvaas ken sitä ilkkuu salaa
ja riistää suvisin pois sen alaa?
Kas, aurinko
sen niskaan luistaa
ja jätin suistaa,
kunis uneen valtias uupuu jo.

Se herää syksyllä, päätään nostaa:
nyt kujeet auringon täytyy kostaa!
Se lähtee matkahan, jäitä luoden
ja pakkasöitä ja lunta tuoden.
Se tallustain
käy poikki pihan
kuin herra ihan;
mut mulle jätti on orja vain!

Reen kuntoon saattaa se lailla rengin,
se kannustaa minut teräskengin,
yli järven lautan se mulle viskoo,
se tekee sillat ja kuormat kiskoo.
Se puhteekseen,
kun työt ei haittaa,
saa pallot laittaa
ja linnat jyhkeät torneineen.

Sa tuima kuningas pohjatuulen,
mua puret poskehen kyllä, luulen,
mua tupaan kyllä sä ajaa pyydät
ja kesäkärpäsen hyyksi hyydät;
mut suksillain
teen sulle kurin:
sun hiihdän nurin!
Olet, talvenjätti, mun orjanain!

LUISTELIJA.

Kuin lintu siivin mä kiidän täällä
nyt taivisäällä
vain järven jäällä.
Mä lähden retkille riemuisille,
tie vierahille
vie rantamille.
Sa talvikotkani, lennä pois!

Kuin tuuli liidän, en säitä pelkää;
mua kiidätelkää
vain jäistä selkää!
Mua kylmän karkaista tahdon antaa,
tie kirkas kantaa
päin taivaanrantaa.
Sa talvituuleni, lennä pois!

Oon vapaa henki, luon umpeen saastan
ja kahleet raastan
pois synnyinmaastan',
Käyn kerskumatta nyt voiman koittoon,
vie teräs voittoon
pois määrään loittoon.
Päin kevätaikaa käy, talvimaa!

VIITTEET

Kirjan runot on koottu Z. Topeliuksen Lukemisia lapsille -sarjasta (LL), osat I-VIII, Werner Söderström Osakeyhtiö, 1927–1930:

Laulu pikku Maijasta 6
    LL II, kuvat: Venny Soldan-Brofeldt / Ottilia Adelborg

Kevään satu 8
    LL IV, kuva: Venny Soldan-Brofeldt

Vuota hiukan! 10
    LL V, kuva: Acke Andersson

Huhtikuun viimeinen päivä 12
    LL III, kuva: Albert Engström

Kuinka Fritiof ratsasti vappuna 14
    LL VI, kuva: Acke Andersson

Koulupojan kesälaulu 16
    LL IV, kuva: Acke Andersson

Korennoisen syyslaulu 18
    LL VI, kuva: Ottilia Adelborg

Mitä Emma ajattelee syksyllä 20
    LL VII, kuva: Venny Soldan-Brofeldt

Syyslaulu 22
    LL VII, kuva: Tyra Kleen

Koulupojan talvilaulu 24
    LL VII, kuva: Acke Andersson

Reippaita poikia 26
    LL VIII, kuva: Acke Andersson

Kirkkaalla jäällä 28
    LL VII, kuva: Acke Andersson

Jättiläinen ja koulupoika 30
    LL VII, kuva: Acke Andersson

Luistelija 32
    LL III, kuva: Acke Andersson

www.ingramcontent.com/pod-product-compliance
Lightning Source LLC
LaVergne TN
LVHW070602070526
838199LV00011B/467